Kräuter-Liesels Smoothies

von Liesel Malm
und ihrer Tochter Margret Möbus

Fotos von Karl Newedel

Bassermann Inspiration

Besondere Zutaten

Zu guter Letzt möchte ich hier noch einige spezielle Zutaten vorstellen, die mir am Herzen liegen und die sich gut mit meinen Smoothiekreationen vertragen.

Zutat	Wirkung	Rezept
Braune Wildhirse	Braune Wildhirse enthält den Vitamin-B-Komplex. Herkömmliche Hirse wird geschält. Die Braune Wildhirse ist jedoch so winzig, dass ein Schälen der Körner nicht möglich ist. Dadurch ist sie besonders wertvoll. Sie soll sogar Vitamin B12 enthalten.	Himbeer-Nektarinen-Braunhirse-Smoothie, Seite 16
Chiasamen	Die Samen sind reich an Proteinen, Ballaststoffen, Vitaminen und Mineralstoffen sowie Omega-3- und Omega-6-Fettsäuren.	Pflaumen-Ananas-Chia-Smoothie, Seite 24
Dolomitgesteinsmehl	Dolomitgesteinsmehl enthält viel Kalzium, Magnesium und etwas Eisen. Es hilft sehr gut, wenn man einen Mangel an diesen Mineralien hat. Ich empfehle es neben der Wilden Braunhirse z. B. bei Gelenkproblemen.	Grapefruit-Erdbeer-Dolomit-Smoothie, Seite 19
Jiaogulan	In China ist Jiaogulan das Kraut der Unsterblichkeit. Der Pflanze werden viele gute Inhaltsstoffe zugesprochen, die sich auf unsere Gesundheit, Energie, Psyche und Widerstandskraft positiv auswirken. Naturmediziner sind überzeugt, dass die Wirkstoffe auch freie Radikale eindämmen und Krebskrankheiten zurückdrängen können.	Kresse-Jiaogulan-Orangen-Smoothie, Seite 40
Moringablattpulver	Moringa ist mit Abstand die nährstoffreichste Pflanze der Welt. Sie enthält hochwertiges Eiweiß, Vitamin C, Vitamin A, Kalzium, Eisen, Kalium, Vitamin B1 und B2, Polyphenole, Folsäure, Vitamin E, Magnesium, Faserstoffe, essenzielle Aminosäuren, antientzündlich wirkende Substanzen, Antioxidantien, die Fettsäuren Omega-3, 6 und 9 und Chlorophyll.	Spinat-Tomaten-Moringa-Smoothie, Seite 26
Murdannia	Murdannia wird in der traditionellen thailändischen Medizin zur Krebsbekämpfung und Prophylaxe bei malignen und benignen Tumoren verwendet. Sie hat eine stimulierende Wirkung auf das Immunsystem, wirkt als Antioxidans und entgiftet die Leber. Man kann Murdannia in gut sortierten Gärtnereien bestellen.	Möhren-Apfel-Murdannia-Smoothie, Seite 28
Zuckerrohrmelasse	Zuckerrohrmelasse enthält Vitamin C, den gesamten Vitamin-B-Komplex, lebensnotwendige Aminosäuren, Mineralstoffe wie Magnesium, Schwefel, Phosphor, Kalzium, Kalium, Chlorid, Natrium, Selen, Bor, Kupfer, Zink, Eisen, Mangan und Kobalt.	Gurke-Paprika-Melasse-Smoothie, Seite 36

Meine besten Smoothies

Rhabarber-Erdbeer-Smoothie

ZUTATEN
FÜR 2 PORTIONEN

- *2 Stangen Rhabarber*
- *1 Birne*
- *1 Banane*
- *200 g Erdbeeren*
- *1 EL Vollkornhaferflocken*
- *1 EL gemahlene Nüsse*
- *1 EL Birnendicksaft*
- *200 ml Birnensaft*
- *5 Blätter Basilikum*

Den Rhabarber waschen, putzen und in Stücke schneiden. Die Birne schälen und vierteln. Die Banane schälen und in Stücke brechen. Die Erdbeeren waschen und putzen. Basilikumblätter vorsichtig waschen. Sämtliche Zutaten in den Mixer geben und kurz zerkleinern. Anschließend 1 Minute auf höchster Stufe pürieren.

Zubereitungszeit: 20 Minuten
Schwierigkeitsgrad: etwas aufwendiger

Tipp

Basilikum betont die fruchtige Erdbeernote um ein Vielfaches. Wer Rhabarber roh nicht mag, kann ihn vorher bei niedriger Hitze kurz dünsten. Rhabarber enthält viel Vitamin C und Kalium. Letzteres hat eine entwässernde Wirkung und fördert den Nährstoffprozess im Blut. Das Natrium im Rhabarber regt die Darmbewegung an. Außerdem enthält Rhabarber noch Eisen und Phosphor. Aber Achtung, zu viel Rhabarber sollte man vermeiden. Er gehört zu den Knöterichgewächsen, die alle Oxalsäure enthalten und in größeren Mengen toxisch wirken.

Nährwerte pro Portion:

Kalorien	Protein	Kohlenhydrate	Fett	Ballaststoffe
346 kcal	8,3 g	58,7 g	6,7 g	15,2 g

Himbeer-Nektarinen-Braunhirse-Smoothie

ZUTATEN
FÜR 2 PORTIONEN

- *200 g Himbeeren*
- *1 Nektarine*
- *1 EL Mandeln*
- *1 TL Agavendicksaft*
- *1 TL Limettensaft*
- *1 EL Braunes Wildhirsemehl*
- *100 ml Kefir*
- *100 ml Mandelmilch*

Die Himbeeren vorsichtig waschen und schadhafte Stellen wegschneiden. Die Nektarine vierteln und den Stein entfernen. Die Mandeln frisch mahlen. Alle Zutaten in den Mixer geben und kurz zerkleinern. Dann 1 Minute auf höchster Stufe pürieren. (Auf dem Foto rechts.)

Zubereitungszeit: 15 Minuten
Schwierigkeitsgrad: etwas aufwendiger

Tipp

Hirse beinhaltet den Vitamin-B-Komplex, speziell die Braune Wildhirse. Da Braune Wildhirse nur ungeschält vermahlen werden kann, ist sie besonders wertvoll. Sie soll sogar Vitamin B12 enthalten. Herkömmliche Hirse wird geschält. Braune Wildhirse ist jedoch so winzig, dass ein Schälen der Körner nicht möglich ist.

Nährwerte pro Portion:

Kalorien	Protein	Kohlenhydrate	Fett	Ballaststoffe
217 kcal	7,4 g	26,0 g	8,0 g	7,2 g

Beeren-Müsli-Smoothie

ZUTATEN
FÜR 2 PORTIONEN

- 300 g Beerenmischung
- 1 Banane
- 100 g Kefir
- 2 EL zuckerfreies Knuspermüsli
- 1 TL Honig
- 100 ml Kokos- oder Mandelmilch

Die Beerenmischung putzen und waschen. Die Banane schälen und in Stücke brechen. Alle Zutaten in den Mixer geben und kurz zerkleinern. Anschließend 1 Minute auf höchster Stufe pürieren. (Auf dem Foto Seite 17 Mitte.)

Zubereitungszeit: 15 Minuten
Schwierigkeitsgrad: einfach

Tipp

Knuspermüsli kann man ganz einfach selbst herstellen: 200 g Vollkornhaferflocken, 130 g Akazienhonig, 3 EL mildes Öl, Mark von 1 Vanilleschote, 100 g Körnermischung (z.B. Sonnenblumenkerne, Sesam, Leinsamen), 100 g Nüsse. Sämtliche Zutaten gut miteinander vermischen und die Masse auf ein Backblech streichen. Bei 160 °C 25 Minuten backen. Abkühlen lassen und mit den Händen zerbröseln. In einer Dose luftdicht aufbewahren.

Nährwerte pro Portion:

Kalorien	Protein	Kohlenhydrate	Fett	Ballaststoffe
237 kcal	5,7 g	41,7 g	4,1 g	8,1 g

Grapefruit-Erdbeer-Dolomit-Smoothie

Die Erdbeeren putzen und vorsichtig waschen. Die Grapefruit schälen und in Spalten teilen. Die Banane schälen und in Stücke brechen. Alle Zutaten in den Mixer geben und kurz zerkleinern. Dann 1 Minute auf höchster Stufe pürieren. (Auf dem Foto Seite 17 links.)

Zubereitungszeit: 20 Minuten
Schwierigkeitsgrad: einfach

ZUTATEN
FÜR 2 PORTIONEN

- 50 g Erdbeeren
- 1 Grapefruit
- 1 TL Kokosöl
- 1 Banane
- 200 g Naturjoghurt (L+)
- 1 EL Vollkornhaferflocken
- 1 gestrichener TL Dolomitgesteinsmehl
- 50 ml roter Fruchtsaft

Tipp

Dolomitgesteinsmehl kann man jedem Smoothie zusetzen. Es ist geschmacksneutral und sehr gesund. Es enthält viel Kalzium, Magnesium und etwas Eisen. Es hilft sehr gut, wenn man einen Mangel an oben genannten Mineralien hat. Ich empfehle es neben der Wilden Braunhirse z.B. bei Gelenkproblemen.

Nährwerte pro Portion:

Kalorien	Protein	Kohlenhydrate	Fett	Ballaststoffe
298 kcal	7,7 g	39,0 g	10,9 g	3,5 g

Bircher-Benner-Smoothie

ZUTATEN
FÜR 2 PORTIONEN

- *1 EL Dinkelkörner*
- *etwas Wasser*
- *2 Papayas*
- *1 Banane*
- *1 EL Birnendicksaft*
- *4 EL Sahne*
- *200 ml Guavensaft*

Am Vorabend die Dinkelkörner mahlen und in einer kleinen Schale mit dem Wasser vermischen, bitte nur so viel Wasser nehmen, dass die gemahlenen Dinkelkörner gerade so bedeckt sind, und über Nacht stehen lassen. Die Papayas der Länge nach halbieren und die Kerne mit einem Löffel herausheben. Das Fruchtfleisch mit dem Löffel herausnehmen und evtl. noch etwas zerkleinern. Die Banane schälen und in Stücke brechen. Von dem eingeweichten Dinkelbrei das überschüssige Wasser abgießen. Alle Zutaten in den Mixer geben und kurz zerkleinern. Dann auf höchster Stufe 1 Minute pürieren.

Zubereitungszeit (ohne die Einweichzeit): 20 Minuten
Schwierigkeitsgrad: einfach

Tipp

Getreide für Müsli und Brotteig muss man mindestens 4 bis 6 Stunden einweichen, am besten also über Nacht. Bei diesem Rezept ist es genauso. Dadurch wird das Phytin zerstört. Das ist wichtig für die Freisetzung der B-Vitamine, die Dinkel und Co. so wertvoll machen.

Nährwerte pro Portion:

Kalorien	Protein	Kohlenhydrate	Fett	Ballaststoffe
592 kcal	6,5 g	101,0 g	17,7 g	4,5 g

Rote-Bete-Erdbeer-Smoothie

ZUTATEN
FÜR 2 PORTIONEN

- *20 g Rucola*
- *30 g Spinat*
- *100 g Erdbeeren*
- *1 Banane*
- *1 Aprikose*
- *100 ml Rote-Bete-Most*
- *100 ml Multivitaminsaft*

Rucola, Spinat und Erdbeeren waschen und grob zerkleinern. Die Banane in Stücke brechen, die Aprikose halbieren und den Stein entfernen. Alle Zutaten in den Mixer geben, zerkleinern und anschließend 1 Minute auf höchster Stufe pürieren.

Zubereitungszeit: 10 Minuten
Schwierigkeitsgrad: einfach

Tipp

Rote-Bete-Most ist besser als Rote-Bete-Saft, das gilt für alle Moste. Er ist milchsauer vergoren und daher sehr bekömmlich für den Darm, da er vorverdaut ist. Bei der Vergärung von Gemüse entsteht rechtsdrehende Milchsäure, die der körpereigenen Milchsäure des Menschen entspricht. Nur wenn wir krank werden, produziert unser Körper linksdrehende Milchsäure, die der Körper aber nicht benötigt und deshalb nicht verwertet. Obwohl milchsauer vergoren, schmeckt Rote-Bete-Most und auch Möhrenmost süß und eignet sich daher besonders gut für die Herstellung von Smoothies.

Nährwerte pro Portion:

Kalorien	Protein	Kohlenhydrate	Fett	Ballaststoffe
161 kcal	3,0 g	30,1 g	2,2 g	4,6 g

Rote-Bete-Trauben-Smoothie

Kräuter und Gurke waschen und grob zerkleinern. Die Möhre waschen, bürsten und in Stücke schneiden. Den Apfelstiel entfernen und den Apfel vierteln, das Gehäuse kann bleiben. Die Banane in Stücke brechen. Alle Zutaten in den Mixer geben und zerkleinern, anschließend 1 Minute auf höchster Stufe pürieren.

Zubereitungszeit: 15 Minuten
Schwierigkeitsgrad: einfach

ZUTATEN
FÜR 2 PORTIONEN

- *20 g Kräuter (Schafgarbe, Sauerampfer, 1 Blatt Beinwell, 1 Blatt Borretsch, Ringelblumenblütenblätter)*
- *¼ Gurke*
- *1 Möhre*
- *1 Apfel*
- *1 Banane*
- *100 ml Rote-Bete-Most*
- *100 ml Traubensaft*

Tipp

Natürlich können Sie die Kräuter beliebig variieren. Experimentieren Sie mit den einzelnen Geschmacksnuancen der Kräuter. Schafgarbe z.B. kann gegen Krampfadern, Hämorrhoiden, Magen-Darm-Beschwerden, Unterleibsbeschwerden, Appetitlosigkeit oder Arterienverkalkung eingesetzt werden.

Nährwerte pro Portion:

Kalorien	Protein	Kohlenhydrate	Fett	Ballaststoffe
174 kcal	2,5 g	34,8 g	2,1 g	5,4 g

Pflaumen-Ananas-Chia-Smoothie

ZUTATEN
FÜR 2 PORTIONEN

- *10 g Chiasamen*
- *100 ml Möhrenmost*
- *1 Nektarine*
- *1 Kiwi*
- *½ Avocado*
- *100 g Pflaumen*
- *1 kleinen Apfel*
- *20 g Kräuter und Gemüseblätter (Portulak, Colakraut, Rote-Bete-Blätter, Schildampfer, Möhrenkraut, Kapuzinerkresse, Löwenzahn)*
- *100 ml Ananassaft*

Chiasamen in den Mixer geben und den Möhrenmost darübergießen. Die Nektarine und die Kiwi schälen und in Spalten teilen. Die Avocado halbieren und schälen. Die Pflaumen entsteinen. Beim Apfel den Stiel entfernen und den Apfel vierteln. Die Kräuter und Gemüseblätter waschen und grob zerkleinern. Alle Zutaten in den Mixer geben, kurz zerkleinern und dann 1 Minute auf höchster Stufe pürieren.

Zubereitungszeit: 20 Minuten
Schwierigkeitsgrad: etwas aufwendiger

Tipp

Chiasamen haben eine Quellzeit von 10 Minuten. Daher gibt man sie zuerst in den Mixer, sodass sie während der Zubereitungszeit quellen können. Chiasamen gibt es in Reformhäusern und Bioläden. Schon die Mayas, Azteken und Inkas kannten diese Samen. Sie sind seit 5000 Jahren bekannt und stammen von der Salbeiart Salvia hispanica ab, die ursprünglich in Mexiko und in Guatemala beheimatet ist. Chiasamen sind reich an Proteinen, Ballaststoffen, Vitaminen und Mineralstoffen sowie Omega-3- und Omega-6-Fettsäuren.

Nährwerte pro Portion:

Kalorien	Protein	Kohlenhydrate	Fett	Ballaststoffe
199 kcal	3,8 g	30,9 g	6,1 g	8,5 g

Spinat-Tomaten-Moringa-Smoothie

ZUTATEN
FÜR 2 PORTIONEN

- *30 g Spinatblätter*
- *150 g Tomaten*
- *100 g Ananas*
- *½ Avocado*
- *¼ Bio-Zitrone*
- *1 TL Moringablattpulver*
- *1 Prise Muskat*
- *100 ml Mandelmilch*
- *100 ml naturtrüber Apfelsaft*

Spinatblätter waschen und klein zupfen. Die Tomaten waschen und vierteln. Die Ananasschale und den Strunk entfernen und die Frucht in Stücke schneiden. Die Avocado halbieren, schälen und in den Mixer geben. Die Zitrone vierteln, aber nicht schälen. Alle Zutaten im Mixer zerkleinern und anschließend 1 Minute auf höchster Stufe pürieren. (Auf dem Foto Seite 13 vorne.)

Zubereitungszeit: 10 Minuten
Schwierigkeitsgrad: einfach

Tipp

Moringa trägt den botanischen Namen Moringa Oleifera. Sie enthält alle Nährstoffe in hoher Konzentration, an denen es uns trotz unserer Überflussgesellschaft mangelt. Sie ist mit Abstand die nährstoffreichste Pflanze der Welt. Moringa enthält hochwertiges Eiweiß, Vitamin C, Vitamin A, Kalzium, Eisen, Kalium, Vitamin B1 und B2, Polyphenole, Folsäure, Vitamin E, Magnesium, Faserstoffe, essenzielle Aminosäuren, antientzündlich wirkende Substanzen, Antioxidantien, die Fettsäuren Omega-3, 6 und 9 und Chlorophyll. Da muss man doch gar nichts mehr sagen, oder? Einfach nur noch in den Smoothie geben und man hat auf einfache Art und Weise viel für seine Gesundheit getan.

Nährwerte pro Portion:

Kalorien	Protein	Kohlenhydrate	Fett	Ballaststoffe
166 kcal	4,4 g	18,6 g	7,6 g	3,9 g

Gurken-Kiwi-Birnen-Smoothie

Die Gurke in Stücke schneiden. Die Kiwi schälen und vierteln. Von der Birne den Stiel entfernen und die Frucht inklusive Gehäuse in Stücke schneiden. Die Petersilie klein zupfen. Die Avocado halbieren, schälen und mit allen Zutaten in den Mixer geben. Kurz zerkleinern und dann 1 Minute auf höchster Stufe pürieren. (Auf dem Foto Seite 13 hinten.)

Zubereitungszeit: 10 Minuten
Schwierigkeitsgrad: einfach

ZUTATEN
FÜR 2 PORTIONEN

- *300 g Gurke*
- *1 Kiwi*
- *1 Birne*
- *1 EL Petersilie*
- *½ Avocado*
- *100 ml naturtrüber Apfelsaft*
- *50 ml Kefir*
- *1 Msp. Kräutersalz*
- *1 Prise Chili*
- *1 TL Moringapulver*

Tipp

Statt Chili kann man auch ein anderes scharfes Gewürz wie etwa geriebenen Meerrettich nehmen. Anstelle von Kefir z.B. Buttermilch. Wussten Sie, dass man Petersilie auch als Heilpflanze verwenden kann? Sie kann bei Herzschwäche, Altersherz, Ödemen, Schlaflosigkeit sowie bei hohem und niedrigem Blutdruck eingesetzt werden.

Nährwerte pro Portion:

Kalorien	Protein	Kohlenhydrate	Fett	Ballaststoffe
171 kcal	5,0 g	23,5 g	5,9 g	8,5 g

Möhren-Apfel-Murdannia-Smoothie

ZUTATEN
FÜR 2 PORTIONEN

- *1 Apfel*
- *1 Mango*
- *1 junge Möhre inklusive Kraut*
- *¼ Bio-Zitrone*
- *10 g Murdanniablätter*
- *20 g Walnusskerne*
- *1 Prise Kräutersalz*
- *1 TL Kürbiskernöl*
- *100 ml Möhrenmost*
- *100 ml Apfelsaft*

Den Apfel waschen, entstielen und vierteln. Die Mango schälen – da das Fruchtfleisch fest mit dem Stein verbunden ist, lässt es sich nur mit dem Messer vom Stein trennen. Die Möhre bürsten, klein schneiden und das Möhrenkraut klein zupfen. Die Zitrone mit der Schale vierteln. Die Murdanniablätter halbieren. Die Walnüsse knacken und die Kerne herauspulen. Sämtliche Zutaten in den Mixer geben und zerkleinern. Dann 1 Minute auf höchster Stufe pürieren.

Zubereitungszeit: 15 Minuten
Schwierigkeitsgrad: etwas aufwendiger

Tipp

Murdannia heißt lateinisch Murdannia loriformis. Sie wird in der traditionellen thailändischen Medizin zur Krebsbekämpfung und Prophylaxe bei malignen und benignen Tumoren verwendet. Die Murdanniapflanze besitzt verschiedene Wirkmechanismen: Sie hat eine stark stimulierende Wirkung auf das Immunsystem, ist ein hochaktives Antioxidans, hat tumorhemmende Wirkung ohne zytotoxisch zu sein und entgiftet die Leber. Man kann die Pflanze in gut sortierten Gärtnereien bestellen. Sie ist dekorativ und robust, aus ihren Blättern kann man einen frischen Presssaft herstellen, der täglich teelöffelweise als Medizin genommen wird. In Deutschland kann man auch Murdanniakapseln kaufen, sie sind jedoch sehr teuer. Mit der eigenen Pflanze ist man besser beraten, zumal sie schnell wächst und anspruchslos ist.

Nährwerte pro Portion:

Kalorien	Protein	Kohlenhydrate	Fett	Ballaststoffe
284 kcal	3,4 g	28,4 g	17,1 g	6,2 g

Kräuterallerlei-Melonen-Smoothie

ZUTATEN
FÜR 2 PORTIONEN

- 20 g gemischte Kräuter (Blüten und Blätter der Kapuzinerkresse, Schafgarbe, Gundelrebe, Klee usw.)
- 1 gelbe Paprika
- 150 g Honigmelone
- 100 g Naturjoghurt
- 150 ml Apfelsaft
- 50 ml Mineralwasser
- 1 EL mildes Olivenöl
- 1 Msp. Kardamompulver
- 1 Msp. Salz
- 1 Prise Cayennepfeffer

Die Kräuter waschen und klein zupfen. Die Paprika und die Melone in Stücke schneiden. Alle Zutaten in den Mixer geben, kurz zerkleinern und anschließend 1 Minute bei höchster Stufe pürieren.

Zubereitungszeit: 10 Minuten
Schwierigkeitsgrad: einfach

Tipp

Die Kapuzinerkresse ist ein natürliches Antibiotikum und daher sehr wertvoll. Ob Sie stilles Wasser, Medium oder kohlensäurehaltiges Wasser nehmen, bleibt Ihnen überlassen. Ich bevorzuge das stille Wasser, da es bekömmlicher ist. Diesen Smoothie können Sie auch mit einem leckeren Knoblauch- oder Kräuterbaguette kombinieren. Das ist dann fast schon eine komplette Mahlzeit.

Nährwerte pro Portion:

Kalorien	Protein	Kohlenhydrate	Fett	Ballaststoffe
211 kcal	4,0 g	20,9 g	12,2 g	3,1 g

Löwenzahn-Ananas-Smoothie

Den Löwenzahn und den Staudensellerie waschen und klein schneiden. Das Stückchen Ingwer schälen und klein schneiden. Den Pfirsich entsteinen und vierteln. Die Ananas halbieren, den Strunk entfernen und das Fruchtfleisch von der Schale schneiden und grob würfeln. Die Banane in Stücke brechen. Alle Zutaten in den Mixer geben, kurz zerkleinern und dann auf höchster Stufe 1 Minute pürieren.

Zubereitungszeit: 15 Minuten
Schwierigkeitsgrad: etwas aufwendiger

ZUTATEN
FÜR 2 PORTIONEN

- *30 g Löwenzahn*
- *1 Stange Staudensellerie*
- *1 kleines Stück Ingwer*
- *1 Pfirsich*
- *½ kleine Ananas*
- *1 Banane*
- *100 ml Apfelsaft*
- *100 ml Orangensaft*
- *1 TL Kokosöl*

Tipp

Anstelle des Pfirsichs können Sie auch die entsprechende Menge Aprikosen nehmen, und wenn Sie es nicht so süß mögen, können Sie die Banane gegen eine Avocado austauschen. Löwenzahn ist leicht bitter, und da gilt: „Was bitter im Mund, ist dem Magen gesund."

Nährwerte pro Portion:

Kalorien	Protein	Kohlenhydrate	Fett	Ballaststoffe
301 kcal	3,8 g	45,0 g	10,8 g	6,8 g

Wildkräuter-Papaya-Smoothie

ZUTATEN
FÜR 2 PORTIONEN

- *30 g Wildkräuter (z.B. Wiesenbocksbart, Brennnessel, Giersch, Gundermann, Knoblauchraute, Sauerampfer usw.)*
- *1 Banane*
- *1 Apfel*
- *1 Birne*
- *½ Papaya*
- *⅛ Zitrone*
- *1 kleines Stück Ingwer*
- *200 ml Maracujasaft*
- *1 TL Moringapulver*

Die Kräuter waschen und klein zupfen. Die Banane schälen und in Stücke brechen. Den Apfel und die Birne waschen und vierteln. Die Papaya der Länge nach halbieren, mit einem Löffel die Kerne herausschaben, das Fruchtfleisch ebenfalls mit dem Löffel aus der Schale heben und klein schneiden. Sämtliche Zutaten in den Mixer geben, kurz zerkleinern und dann 1 Minute auf höchster Stufe pürieren.

Zubereitungszeit: 20 Minuten
Schwierigkeitsgrad: etwas aufwendiger

Tipp

Probieren Sie doch mal, die Papayakerne im Smoothie mit zu verwenden. Sie schmecken pikant und ein wenig nach Kresse, jedoch auch leicht bitter. Ein Versuch lohnt sich. Sauerampfer gehört zu den Pflanzendrogen, die Gifte aus dem Körper leiten. Der Sauerampfer hilft der Leber, den Körper zu entgiften und tut das auch über die Haut.

Nährwerte pro Portion:

Kalorien	Protein	Kohlenhydrate	Fett	Ballaststoffe
220 kcal	5,9 g	44,0 g	1,2 g	8,5 g

Wildkräuter-Dattel-Smoothie

ZUTATEN
FÜR 2 PORTIONEN

- *1 TL Chiasamen*
- *1 TL Leinsamen*
- *1 Handvoll ungeschwefelte Rosinen*
- *8 getrocknete Datteln*
- *200 ml Mineralwasser*
- *40 g Wildkräuter (z.B. Scharbockskraut, Vogelmiere, Wilder Senf, Spitzwegerich, Wiesenkerbel usw.)*
- *2 Feigen*
- *1 TL Kokosöl*

Chiasamen, Leinsamen, Rosinen und klein geschnittene, entkernte Datteln mit dem Wasser in den Mixer geben, damit alles ein wenig quellen kann. Die Wildkräuter waschen und klein zupfen. Die restlichen Zutaten dazugeben und alles kurz verrühren. Anschließend 1 Minute auf höchster Stufe pürieren. (Auf dem Foto rechts.)

Zubereitungszeit inklusive Quellzeit: 30 Minuten
Schwierigkeitsgrad: einfach

Tipp

Mit Trockenfrüchten werden Smoothies süßer als mit frischen Früchten. Daher verwende ich hier Mineralwasser. Wenn Sie es jedoch süß mögen, können Sie das Wasser gegen einen Obstsaft austauschen. Scharbockskraut enthält sehr viel Vitamin C. Wird es im Frühling den Smoothies beigegeben, gleicht es sehr schnell den Vitamin-C-Mangel eines langen Winters aus.

Nährwerte pro Portion:

Kalorien	Protein	Kohlenhydrate	Fett	Ballaststoffe
469 kcal	7,8 g	66,8 g	18,1 g	13,3 g

Gurke-Paprika-Melasse-Smoothie

ZUTATEN
FÜR 2 PORTIONEN

- *½ Salatgurke*
- *½ Paprika, rot oder gelb*
- *1 Schalotte*
- *3 Spritzer Saft einer Bio-Zitrone*
- *3 Spritzer Sojasauce*
- *¼ TL Kräutersalz*
- *1 Prise Chili*
- *1 TL Zuckerrohrmelasse*
- *200 ml Tomatensaft*

Die Gurke und die Paprika waschen, halbieren, entkernen und in Stücke schneiden. Die Schalotte waschen, putzen und klein schneiden. Sämtliche Zutaten in den Mixer geben, kurz zerkleinern und anschließend auf höchster Stufe 1 Minute pürieren. (Auf dem Foto Seite 35 in der Mitte.)

Zubereitungszeit: 20 Minuten
Schwierigkeitsgrad: einfach

Tipp

Verwechseln Sie nicht die Zuckerrohrmelasse mit der Zuckerrübenmelasse! Die Zuckerrohrmelasse hat bedeutend mehr gute Inhaltsstoffe: Vitamin C, den gesamten Vitamin-B-Komplex, lebensnotwendige Aminosäuren, Mineralstoffe wie Magnesium, Schwefel, Phosphor, Kalzium, Kalium, Chlorid, Natrium, Selen, Bor, Kupfer, Zink, Eisen, Mangan, Kobalt. Und das alles in einem ausgewogenen Verhältnis zueinander, was eine optimale Verwertung im Körper ermöglicht.

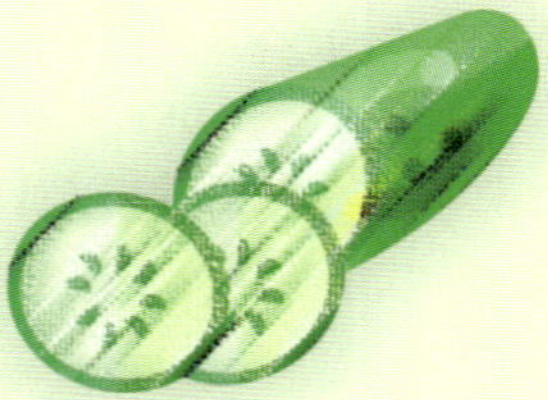

Nährwerte pro Portion:

Kalorien	Protein	Kohlenhydrate	Fett	Ballaststoffe
129 kcal	2,7 g	18,4 g	4,6 g	4,7 g

Avocado-Paprika-Nori-Smoothie

Die Noriflocken und den Orangensaft in den Mixer geben und 10 Minuten einweichen lassen. In der Zwischenzeit die Avocado schälen, den Kern entfernen und das Fruchtfleisch klein schneiden. Die Paprika waschen, entkernen und klein schneiden. Die Cocktailtomaten nach dem Waschen halbieren. Die Zutaten zu den eingeweichten Noriflocken geben und alles kurz zerkleinern. Anschließend 1 Minute auf höchster Stufe pürieren. (Auf dem Foto Seite 35 links.)

Zubereitungszeit inklusive Einweichzeit: 20 Minuten
Schwierigkeitsgrad: einfach

ZUTATEN
FÜR 2 PORTIONEN

- *4 g Noriflocken*
- *2 EL Orangensaft*
- *1 essreife Avocado*
- *1 gelbe Spitzpaprika*
- *6 gelbe Cocktailtomaten*
- *100 g Quark, 40 % Fett*
- *2 TL Sonnenblumenkerne*
- *1 gute Prise Kräutersalz*

Tipp

Die getrockneten Norialgen vergrößern sich beim Einweichen um ein Fünffaches. Speisealgen werden in der traditionellen chinesischen Medizin schon seit 5000 Jahren verwendet. Ihnen werden blutdrucksenkende, blutreinigende, magen- und darmschützende, antivirale, antibakterielle und antikanzerogene Wirkungen zugesprochen. In Japan, dem Land mit dem größten Konsum von Meeresalgen, ist die Brustkrebsrate sehr niedrig. Ebenso enthalten Nori und andere Meeresalgen Omega-3-Fettsäuren, lebenswichtige Mineralstoffe wie Kalzium, Magnesium, Eisen, Kalium, Jod, Zink, Selen und die Vitamine A, C und E, außerdem Niacin, Folsäure und den kompletten Vitamin-B-Komplex. Allen voran Vitamin B12. Schon 4 Gramm Norialgen decken den kompletten Tagesbedarf an Vitamin B12. Was nicht uninteressant für Veganer und Vegetarier ist. Eine essreife Avocado erkennt man an ihrer dunklen Farbe. Das Fruchtfleisch ist weich und verleiht dem Smoothie eine besondere Cremigkeit.

Nährwerte pro Portion:

Kalorien	Protein	Kohlenhydrate	Fett	Ballaststoffe
283 kcal	13,0 g	17,8 g	17,6 g	6,8 g

Mangold-Kräuter-Smoothie

ZUTATEN
FÜR 2 PORTIONEN

- 30 g Mangoldblätter
- 20 g Kräuter (Klee, Kleiner Wiesenknopf, Frauenmantel, Bärlauch usw.)
- 1 Banane
- 1 Kiwi
- 1 kleine Birne
- 5 Datteln
- 100 ml Mandelmilch
- 100 ml stilles Mineralwasser

Den Mangold und die Kräuter putzen, vorsichtig waschen und klein schneiden. Banane und Kiwi schälen und in Stücke schneiden. Die Birne waschen, den Stiel entfernen und die Frucht vierteln. Die Datteln entsteinen und halbieren. Alle Zutaten in den Mixer geben, kurz zerkleinern und dann auf höchster Stufe 1 Minute pürieren.

Zubereitungszeit: ca. 20 Minuten
Schwierigkeitsgrad: einfach

Tipp

Wer den Knoblauchgeschmack des Bärlauchs nicht mag, ersetzt ihn durch ein anderes Kräutlein. Bärlauch ist jedoch sehr gesund und hat die gleiche Wirkung wie Knoblauch, ist also blutdruckregulierend und lindert altersbedingte Gefäßverengung. Außerdem hilft er bei Verdauungsbeschwerden, wirkt antibakteriell, antibiotisch und entzündungshemmend.

Nährwerte pro Portion:

Kalorien	Protein	Kohlenhydrate	Fett	Ballaststoffe
236 kcal	4,5 g	44,5 g	3,8 g	7,1 g

Kresse-Jiaogulan-Orangen-Smoothie

Zutaten
für 2 Portionen

- *200 ml Kräutertee*
- *10 g Kresse*
- *10 g Jiaogulan*
- *50 g Johannisbeeren*
- *2 Orangen*
- *1 Apfel*
- *1 Banane*
- *2 EL gemahlene Körner (Kürbiskerne, Sonnenblumenkerne, Sesam)*

200 ml Wasser zum Kochen bringen, Kräuter nach Belieben damit übergießen und 5 Minuten ziehen lassen. Anschließend den Tee abkühlen lassen. Kresse und Jiaogulan vorsichtig waschen und klein zupfen. Johannisbeeren entstielen und waschen. Die Orangen schälen und in Spalten teilen. Den Apfel waschen und mit dem Kerngehäuse vierteln. Die Banane schälen und in Stücke brechen. Alle Zutaten in den Mixer geben, kurz zerkleinern und dann 1 Minute auf höchster Stufe pürieren. (Auf dem Foto Seite 74 links.)

Zubereitungszeit: 15 Minuten, ohne Abkühlzeit für den Tee
Schwierigkeitsgrad: etwas aufwendiger

Tipp

In China ist Jiaogulan das Kraut der Unsterblichkeit. In Regionen, in denen das Kraut verwendet wird, sei es als rohe Blätter im Salat oder als Tee, leben viele hundertjährige Menschen. Jiaogulan ist besser als Ginseng. Der Pflanze werden viele gute Inhaltsstoffe zugesprochen, die sich auf unsere Gesundheit, Energie, Psyche und Widerstandskraft positiv auswirken. Naturmediziner sind überzeugt, dass die Wirkstoffe auch die freien Radikalen eindämmen und Krebskrankheiten zurückdrängen können.

Nährwerte pro Portion:

Kalorien	Protein	Kohlenhydrate	Fett	Ballaststoffe
248 kcal	7,8 g	38,9 g	5,7 g	7,1 g

Grapefruit-Giersch-Rosenkohl-Smoothie

200 ml Wasser zum Kochen bringen und den Früchtetee übergießen. 10 Minuten ziehen lassen, absieben und erkalten lassen. Den Giersch vorsichtig waschen und klein zupfen. Die Rosenkohlröschen putzen und halbieren. Die Grapefruit schälen, in Spalten teilen und klein schneiden. Die Limette vierteln und 2 Teile davon mit der Schale verwenden. Die Banane schälen und in Stücke brechen. Die Pflaumen halbieren und entsteinen. Den Apfel waschen, vierteln und inklusive Kerngehäuse in den Mixer geben. Alle Zutaten dazugeben und kurz zerkleinern. Dann 1 Minute auf höchster Stufe pürieren.
(Auf dem Foto Seite 74 rechts.)

Zubereitungszeit: 20 Minuten, ohne Abkühlzeit des Tees
Schwierigkeitsgrad: etwas aufwendiger

ZUTATEN
FÜR 2 PORTIONEN

- *200 ml Früchtetee ohne künstliche Aromen*
- *15 g Giersch*
- *30 g Rosenkohl*
- *1 Grapefruit*
- *½ Bio-Limette*
- *1 Banane*
- *5 Pflaumen*
- *1 Apfel*
- *2 EL Braune Wildhirse*

Tipp

Vom Giersch nur die jungen Triebe verwenden. Sie sind besonders zart und leicht rötlich. Später ist der Giersch rauer und eignet sich nicht mehr ganz so gut zur Verarbeitung. Giersch hilft mit seinen vielen guten Wirkstoffen bei Gicht und Rheuma. Er wird daher auch Gichtkraut genannt.

Nährwerte pro Portion:

Kalorien	Protein	Kohlenhydrate	Fett	Ballaststoffe
247 kcal	4,9 g	48,9 g	1,8 g	6,0 g

Feldsalat-Mango-Smoothie

Die Mango schälen und in Spalten vom Stein schneiden. Mirabellen entkernen, die Aprikosen halbieren und entsteinen. Den Feldsalat waschen und putzen. Die Petersilie waschen und klein zupfen. Die Zitrone vierteln, schälen und in kleine Stücke schneiden. Alle Zutaten in den Mixer geben und kurz zerkleinern. Anschließend 1 Minute auf höchster Stufe pürieren.

Zubereitungszeit: 20 Minuten
Schwierigkeitsgrad: einfach

ZUTATEN
FÜR 2 PORTIONEN

- *1 Mango*
- *6 Mirabellen*
- *4 Aprikosen*
- *100 g Feldsalat*
- *2 Stängel Petersilie*
- *¼ Zitrone*
- *½ TL Moringapulver*
- *200 ml Orangensaft*

Tipp

Wer einen intensiveren Geschmack favorisiert, der kann anstelle von Feldsalat auch Rucola verwenden. Feldsalat ist eine wahre Vitaminbombe. Das ist besonders im Frühjahr für uns interessant, weil der Gehalt der Inhaltsstoffe in den frischen Austrieben am höchsten ist.

Nährwerte pro Portion:

Kalorien	Protein	Kohlenhydrate	Fett	Ballaststoffe
268 kcal	5,7 g	53,9 g	1,3 g	8,9 g

Schnittsalat-Kohlrabi-Smoothie

ZUTATEN
FÜR 2 PORTIONEN

- *100 g Schnittsalat*
- *4 Kohlrabiblätter (nur die mittleren feinen Blätter benutzen)*
- *1 Banane*
- *1 Apfel*
- *6 Pflaumen*
- *1 gestrichener TL Moringapulver*
- *200 ml Apfelsaft*
- *200 ml Mineralwasser*

Den Schnittsalat und die Kohlrabiblätter putzen, waschen und klein zupfen. Die Banane schälen und in Stücke brechen. Den Apfel waschen und vierteln. Die Pflaumen waschen und entkernen. Alle Zutaten in den Mixer geben, kurz zerkleinern und dann 1 Minute auf höchster Stufe pürieren.

Zubereitungszeit: 20 Minuten
Schwierigkeitsgrad: einfach

Tipp

Waschen Sie die Salatblätter kurz und schonend, damit die guten Inhaltsstoffe nicht verloren gehen. Pflaumen enthalten Kalzium, Eisen, Magnesium, Phosphat, Kalium, Provitamin A und fast alle B-Vitamine. Sie enthalten aber auch Anthocyane, die eine Schutzfunktion gegen Infektionen, entzündliche Prozesse, Thrombosen und sogar Tumore darstellen. Getrocknete Pflaumen unterstützen die Leberfunktion und helfen bei Verstopfung.

Nährwerte pro Portion:

Kalorien	Protein	Kohlenhydrate	Fett	Ballaststoffe
220 kcal	4,5 g	46,9 g	1,0 g	8,1 g

Pikanter Smoothie

ZUTATEN
FÜR 2 PORTIONEN

- *100 g Lollo-Rosso-Salat*
- *2 Stängel Petersilie*
- *etwas Schnittlauch*
- *2 Blätter Borretsch*
- *½ Avocado*
- *1 rote Paprika*
- *3 Knoblauchzehen*
- *¼ Zitrone*
- *200 ml Rote-Bete-Most*
- *evtl. 1 Prise Chili*

Den Salat putzen, waschen und in Stücke zupfen. Die Salatkräuter waschen und grob zerkleinern. Die Avocado schälen, vom Kern lösen und klein schneiden. Die Paprika waschen und in Stücke schneiden. Knoblauch schälen und die Zitrone vierteln und schälen. Sämtliche Zutaten in den Mixer geben, kurz zerkleinern und dann 1 Minute auf höchster Stufe pürieren.

Zubereitungszeit: 20 Minuten
Schwierigkeitsgrad: einfach

Tipp

Statt Chilipulver können Sie auch etwas Pfeffer und/oder Kräutersalz verwenden. Knoblauch ist auch nicht jedermanns Sache und kann in der Menge reduziert werden – oder man lässt ihn ganz weg.
Chilipulver wird in Amerika als Akutmittel in vielen Krankenwagen mitgeführt und bei Verdacht auf Herzinfarkt eingesetzt. Bei Herzproblemen können Sie also etwas Chilipulver unter die Zunge geben, gut einspeicheln und dann schlucken. Das Herz normalisiert sich dann wieder. Dies war für viele herzkranke Menschen nachweislich schon lebensrettend.

Nährwerte pro Portion:

Kalorien	Protein	Kohlenhydrate	Fett	Ballaststoffe
209 kcal	4,9 g	22,4 g	10,7 g	9,4 g

Endivien-Tomaten-Smoothie

ZUTATEN
FÜR 2 PORTIONEN

- 200 g Endiviensalat
- 20 g getrocknete Tomaten in Öl
- 200 g Naturjoghurt
- 1 Prise Kräutersalz
- 1 Prise frisch gemahlener Pfeffer
- 1 TL Zitronensaft
- ½ TL Agavendicksaft oder Honig
- 50 ml Mangosaft

Die Endivien waschen, putzen und klein zupfen. Die getrockneten Tomaten grob zerkleinern. Alle Zutaten in den Mixer geben, kurz zerkleinern und dann 1 Minute auf höchster Stufe pürieren.

Zubereitungszeit: 10 Minuten
Schwierigkeitsgrad: einfach

Tipp

Denken Sie daran, bei dem Joghurt auf die rechtsdrehende Milchsäure (L+) zu achten. Anstelle des Endiviensalats können Sie auch Chicorée verwenden. Die Endivie gehört zu den Zichorien und ist leicht bitter. Aber auch hier gilt: Bitterstoffe sind für den Magen besonders gut. Zusätzliche Würze verleiht eine gehackte, angedünstete Knoblauchzehe. Man kann sie abgekühlt unterrühren.

Nährwerte pro Portion:

Kalorien	Protein	Kohlenhydrate	Fett	Ballaststoffe
139 kcal	6,2 g	15,0 g	4,8 g	2,2 g

Romana-Avocado-Smoothie

Den Romanasalat waschen, putzen und klein zupfen. Die Avocado aufschneiden, das Fruchtfleisch herauslösen. Die Paprika nach dem Waschen vom Kerngehäuse befreien und in grobe Stücke schneiden. Den Seidentofu löffelweise mit den restlichen Zutaten in den Mixer geben. Die Zutaten kurz zerkleinern und anschließend 1 Minute auf höchster Stufe pürieren.

Zubereitungszeit: 15 Minuten
Schwierigkeitsgrad: einfach

ZUTATEN
FÜR 2 PORTIONEN

- *200 g Romanasalat*
- *1 Avocado*
- *1 gelbe Paprika*
- *100 g Seidentofu*
- *2 TL Kürbiskerne*
- *1 TL Kürbiskernöl*
- *100 ml Mineralwasser*
- *2 Spritzer Sojasoße*
- *200 ml Früchtetee ohne künstliche Aromen*

Tipp

Alle Tofuprodukte enthalten eine große Anzahl an bioaktiven Substanzen. Ihre Ballaststoffe sind gut verträglich, und das wirkt sich positiv auf Fett- und Zuckerstoffwechsel aus. Tofuprodukten sagt man eine positive Wirkung auf den Knochenstoffwechsel und eine Risikominderung bei bestimmten Krebsarten nach. Der Seidentofu eignet sich hervorragend zur Herstellung von Smoothies, da man ihn glatt rühren kann und er somit die Konsistenz von Quark bekommt.

Nährwerte pro Portion:

Kalorien	Protein	Kohlenhydrate	Fett	Ballaststoffe
410 kcal	15,8 g	11,6 g	33,5 g	9,7 g

Kapitän Blaubeere

Das Obst waschen. Die Apfelsine schälen, in Spalten teilen, die Kerne entfernen. Die Birne vierteln, den Stiel entfernen, das Gehäuse kann bleiben. Die Banane schälen und in Stücke brechen. Alle Zutaten in den Mixer geben und kurz zerkleinern. Dann auf höchster Stufe 1 Minute pürieren. (Auf dem Foto rechts.)

ZUTATEN
FÜR 2-3 PORTIONEN

- *1 Apfelsine*
- *1 Birne*
- *100 g Heidelbeeren*
- *1 Banane*
- *½ Becher Naturjoghurt*
- *100 ml Multivitaminsaft*
- *100 ml roten Traubensaft*
- *evtl. 1 TL Agavendicksaft oder Honig*

Nährwerte pro Portion:

Kalorien	Protein	Kohlenhydrate	Fett	Ballaststoffe
249 kcal	4,4 g	49,4 g	2,7 g	7,1 g

Prinzessin Rosalie

Das Obst waschen. Die Apfelsine und die Banane schälen. Alle Zutaten in den Mixer geben, kurz zerkleinern und dann auf höchster Stufe 1 Minute pürieren. (Auf dem Foto links.)

Arbeitszeit: je 10 Minuten
Schwierigkeitsgrad: einfach

ZUTATEN
FÜR 2 PORTIONEN

- *1 Apfelsine*
- *150 g Erdbeeren*
- *1 Banane*
- *100 g Wassermelone*
- *1 EL Honig*
- *200 ml Orangensaft*

Nährwerte pro Portion:

Kalorien	Protein	Kohlenhydrate	Fett	Ballaststoffe
168 kcal	2,1 g	36,2 g	0,7 g	2,9 g

Sattmacher-Smoothie

ZUTATEN
FÜR 2 PORTIONEN

- *1 Banane*
- *100 g Himbeeren*
- *100 g Naturjoghurt*
- *200 ml naturtrüber Apfelsaft*
- *1 EL Birnendicksaft*
- *2 EL Vollkornhaferflocken*

Das Obst waschen. Die Banane schälen und in Stücke brechen. Alle Zutaten in den Mixer geben, kurz zerkleinern und anschließend auf höchster Stufe 1 Minute pürieren.

Arbeitszeit: 10 Minuten
Schwierigkeitsgrad: einfach

Tipp

Statt Vollkornhaferflocken können Sie auch eine ungesüßte Müslimischung nehmen. Die natürlichen Zutaten liegen nicht schwer im Magen, sodass Ihr Kind fit für die Schule ist und der Körper sich nicht mit schwer verdaulichen Speisen beschäftigen muss.
Himbeeren wirken appetitanregend, entwässernd und abführend. Sie unterstützen das Immunsystem und regen den Stoffwechsel an. Himbeeren enthalten viel Vitamin C, Eisen und sekundäre Pflanzenstoffe, die wiederum freie Radikale abwehren, indem sie Abwehrmechanismen stimulieren, das hilft z.B. bei Krebs.

Nährwerte pro Portion:

Kalorien	Protein	Kohlenhydrate	Fett	Ballaststoffe
260 kcal	6,4 g	48,1 g	3,7 g	5,5 g

Fee Schokolinchen

Das Obst waschen, die geschälte Banane in Stücke brechen, die Orange schälen und in Spalten teilen, Aprikosen und Nektarinen entsteinen und vierteln. Alle Zutaten in den Mixer geben, kurz zerkleinern und anschließend auf höchster Stufe 1 Minute pürieren.

Arbeitszeit: 10 Minuten
Schwierigkeitsgrad: einfach

ZUTATEN
FÜR 2-3 PORTIONEN

- *1 Banane*
- *1 Orange*
- *2 Nektarinen*
- *2 Aprikosen*
- *1 gestrichener EL Kakaopulver*
- *100 ml Kokosmilch*
- *100 ml Vollmilch*
- *evtl. etwas Agavendicksaft*

Tipp

Nehmen Sie reines Kakaopulver, denn Trinkschokolade und Instantpulver enthalten viel Zucker und wenig Kakao. Denken Sie daran, Zucker ist ein Vitaminräuber und verhindert die Aufnahme der Vitamine im Körper.

Nährwerte pro Portion:

Kalorien	Protein	Kohlenhydrate	Fett	Ballaststoffe
273 kcal	7,4 g	48,3 g	4,5 g	9,3 g

Froschkönig

ZUTATEN
FÜR 2 PORTIONEN

- *100 g Stachelbeeren*
- *1 Kiwi*
- *½ Honigmelone*
- *2 Maracujas*
- *20 g gemischte Blätter: Rote Bete, Spinat und Basilikum*
- *½ TL Moringapulver*
- *100 ml Kefir*
- *100 ml Maracujasaft*
- *1 EL Honig*

Das Obst und die Gemüseblätter waschen, Maracujas schälen und vierteln, die Honigmelone in Spalten teilen und das Fruchtfleisch in Stücke schneiden. Alle Zutaten in den Mixer geben, zerkleinern und dann auf höchster Stufe 1 Minute pürieren.

Arbeitszeit: 15 Minuten
Schwierigkeitsgrad: einfach

Tipp

Um Kinder an Gemüseblätter und Kräuter heranzuführen, verwenden Sie zu Anfang nicht allzu geschmacksintensive Blätter. Gehen Sie behutsam vor. Beim Kauf der Maracujas sollte man darauf achten, dass die Haut der Früchte leicht schrumpelig ist, jedoch keine Druckstellen aufweist. Dann haben sie das beste Aroma. Da sie schnell austrocknen, sollte man Maracujas im Kühlschrank aufbewahren. Den besten Kefir stellt man selbst her. Man kann den Kefirpilz über das Internet beziehen. Über die Handhabung eines Kefirpilzes finden Sie einschlägige Literatur in jeder Buchhandlung oder im Internet. Kefir sorgt für eine ausgewogene gesunde Darmflora und schmeckt ganz vorzüglich. Der Kefir im Handel wird nicht mit dem echten Kefirpilz hergestellt.

Nährwerte pro Portion:

Kalorien	Protein	Kohlenhydrate	Fett	Ballaststoffe
253 kcal	6,7 g	44,3 g	3,0 g	5,9 g

Seifenkraut-Monarda-Smoothie

ZUTATEN
FÜR 2 PORTIONEN

- *50 g junger Spinat*
- *15 Seifenkrautblüten*
- *10 Monardablüten (Indianernessel)*
- *1 Banane*
- *100 g Himbeeren oder Taybeeren*
- *200 ml Hagebuttentee*

Den Spinat putzen, waschen und klein schneiden. Die Seifenkraut- und Monardablüten vorsichtig abzupfen. Die Banane schälen und in Stücke brechen. Die Himbeeren verlesen und vorsichtig waschen. Den Hagebuttentee nach Anleitung kochen und abkühlen lassen. Sämtliche Zutaten in den Mixer geben und kurz zerkleinern. Dann 1 Minute auf höchster Stufe pürieren.

Zubereitungszeit: 20 Minuten, ohne Abkühlzeit des Tees
Schwierigkeitsgrad: einfach

Tipp

Das Seifenkraut hat eine schleimlösende Wirkung und ist magenfreundlich. Die komplette Pflanze ist essbar. Hagebutten haben einen hohen Anteil an Vitamin C, das ist gut für das Immunsystem.

Nährwerte pro Portion:

Kalorien	Protein	Kohlenhydrate	Fett	Ballaststoffe
84 kcal	2,7 g	15,7 g	0,5 g	4,4 g

Guter-Heinrich-Ringelblumen-Smoothie

Die Blätter vom Guten Heinrich vorsichtig waschen und klein schneiden. Die Blütenblätter der Ringelblumen abzupfen. Die Banane schälen und in Stücke brechen. Den Apfel vierteln und inklusive Kerngehäuse, jedoch ohne den Stiel verwenden. Alle Zutaten in den Mixer geben und kurz zerkleinern. Anschließend auf höchster Stufe 1 Minute pürieren. (Auf dem Foto links.)

Zubereitungszeit: 15 Minuten
Schwierigkeitsgrad: einfach

ZUTATEN
FÜR 2 PORTIONEN

- *50 g Guter-Heinrich-Blätter*
- *10 Ringelblumen*
- *1 Banane*
- *1 Apfel*
- *1 TL Kokosöl*
- *200 ml Apfelsaft*

Tipp

Der Gute Heinrich enthält sehr viele Vitamine und Mineralstoffe, besonders Eisen. Das macht ihn so wertvoll. Übrigens sind in allen Wildpflanzen bis zu 300 Prozent mehr Vitalstoffe als in gezüchteten Salat- und Gemüsepflanzen. Man kann ihn auch als Spinat kochen oder ganz einfach über den Salat streuen.

Nährwerte pro Portion:

Kalorien	Protein	Kohlenhydrate	Fett	Ballaststoffe
235 kcal	2,0 g	32,8 g	10,4 g	3,8 g

Vogelmiere-Rosen-Fenchel-Smoothie

ZUTATEN
FÜR 2 PORTIONEN

- *50 g Vogelmiere, nur die Triebspitzen*
- *3 Blüten Duftrosen*
- *1 Dolde Fenchelblüte*
- *1 Banane*
- *Saft einer Bio-Zitrone*
- *100 g Erdbeeren*
- *1 TL Agavendicksaft*
- *200 ml stilles Wasser*

Die Vogelmiere verlesen und vorsichtig waschen. Die Blütenblätter der Rosen abzupfen. Die Fenchelblüten mit der Schere abschneiden. Die Banane schälen und in Stücke brechen. Die Zitrone auspressen. Die Erdbeeren putzen, waschen und evtl. halbieren. Alle Zutaten in den Mixer geben und kurz zerkleinern. Dann 1 Minute auf höchster Stufe pürieren. (Auf dem Foto Seite 60 rechts.)

Zubereitungszeit: 20 Minuten
Schwierigkeitsgrad: einfach

Tipp

Die Vogelmiere wirkt insgesamt reinigend und schleimlösend. Sie regt den Lymphfluss und die Nieren an. Sie enthält sehr viel Vitamin C, was wiederum dem Immunsystem zugutekommt.

Nährwerte pro Portion:

Kalorien	Protein	Kohlenhydrate	Fett	Ballaststoffe
153 kcal	2,1 g	23,4 g	0,5 g	3,0 g

Borretsch-Duftpelargonie-Veilchen-Smoothie

Sämtliche Blüten abzupfen und verlesen. Die Avocado halbieren, den Stein entfernen und die eine Hälfte schälen und klein schneiden. Die Kiwis schälen und vierteln. Die Birne inklusive Gehäuse, aber ohne Stiel vierteln. Sämtliche Zutaten in den Mixer geben und kurz zerkleinern. Anschließend 1 Minute auf höchster Stufe pürieren.

Zubereitungszeit: 20 Minuten
Schwierigkeitsgrad: einfach

ZUTATEN
FÜR 2 PORTIONEN

- *10 bis 15 Borretschblüten*
- *10 Duftpelargonienblüten*
- *20 Veilchenblüten*
- *½ essreife Avocado*
- *2 Kiwis*
- *1 Birne*
- *einige Tropfen Rosenwasser*
- *1 EL Birnendicksaft*
- *200 ml Mandelmilch*

Tipp

Duftpelargonien haben je nach Sorte unterschiedliche Duftnoten – sie können nach Rosen, Zitronen, Orangen oder Muskat duften. Demzufolge kann Ihr Smoothie jeweils eine andere Geschmacksnote bekommen. Lassen Sie sich überraschen. Sollten Sie eine Duftpelargonie mit dem botanischen Namen Reniforme oder Echinatum besitzen, wäre das ganz besonders effektvoll, da von diesen beiden Exemplaren das Erkältungsmittel „Umckaloabo" hergestellt wird.

Nährwerte pro Portion:

Kalorien	Protein	Kohlenhydrate	Fett	Ballaststoffe
283 kcal	7,6 g	32,0 g	13,4 g	7,1 g

Ysop-Kamille-Hibiskus-Smoothie

ZUTATEN
FÜR 2 PORTIONEN

- *100 g Preiselbeeren*
- *100 g Brombeeren*
- *½ essreife Avocado*
- *1 Stängel Ysop*
- *2 Hibiskusblüten*
- *200 ml Zistrosentee*
- *3 bis 4 Blütenköpfe der Kamille*
- *1 TL Akazienhonig*

Die Preiselbeeren und die Brombeeren putzen und waschen. Die Avocado halbieren, den Stein entfernen, schälen und klein schneiden. Die Ysopblüten abzupfen. Bei den Hibiskusblüten den Blütenstempel entfernen und die Blüten klein zupfen. Den Zistrosentee nach Packungsanleitung zubereiten, die Kamilleblüten dazugeben. Den Tee abkühlen lassen. Sämtliche Zutaten in den Mixer geben, kurz zerkleinern und dann 1 Minute auf höchster Stufe pürieren.

Zubereitungszeit: 20 Minuten, ohne Abkühlzeit des Tees
Schwierigkeitsgrad: einfach

Tipp

Nehmen Sie nicht mehr als die angegebene Zahl an Kamillenblüten, der Smoothie wird sonst leicht bitter. Ysop hilft bei Husten, Asthma, Entzündung der Bronchien, Wechseljahresbeschwerden, Entzündungen der Harnwege und soll sogar bei Epilepsie hilfreich sein. Außerdem verfeinert Ysop das Aroma der Preiselbeeren. Achten Sie darauf, dass alles Grüne des Ysop entfernt wurde, dann ist das Aroma milder. Die Zistrose wird zur Behandlung von Neurodermitis, bei Viruserkrankungen, zur Darmsanierung, gegen Hautalterung, bei Darmkrebs und Halsentzündungen eingesetzt.

Nährwerte pro Portion:

Kalorien	Protein	Kohlenhydrate	Fett	Ballaststoffe
139 kcal	1,8 g	16,2 g	7,1 g	5,4 g

Drachenfrucht-Alfalfa-Smoothie

ZUTATEN
FÜR 2 PORTIONEN

- *1 Drachenfrucht (Pitahaya)*
- *1 Banane*
- *10 g gekeimte Luzerne (Alfalfa)*
- *1 gute Prise Kardamom*
- *1 Prise Sternanis*
- *1 Prise Zimt*
- *1 TL Kokosöl*
- *200 g Mandelmilch*

Den Blüten- und Stielansatz der Drachenfrucht entfernen, die Frucht halbieren und mit dem Löffel das Fruchtfleisch herausnehmen. Die Banane schälen und in Stücke brechen. Die gekeimte Luzerne und alle anderen Zutaten in den Mixer geben und kurz zerkleinern. Dann auf höchster Stufe 1 Minute pürieren. (Auf dem Foto Seite 69 in der Mitte.)

Zubereitungszeit: ca. 20 Minuten
Keimzeit Luzerne: 7 Tage bis zur Ernte
Schwierigkeitsgrad: etwas aufwendiger

Tipp

Die Luzerne hat einen hohen Gehalt an Protein und Chlorophyll. Sie ist reich an Mineralien und enthält alle 8 essenziellen Aminosäuren. Des Weiteren Vitamin A, D, E, K, C, B1, B2, B5, B6, B12, H sowie Folsäure, Phosphor, Kalzium, Magnesium, Mangan, Eisen usw. Luzerne ist ein wahres Füllhorn an gesundheitsfördernden Stoffen, die man in der Winterzeit besonders gut gebrauchen kann. Die Gewürze geben dem Smoothie eine besondere Note. Man kann die Mandelmilch auch erwärmen und die Gewürze darin ziehen lassen. Gerade in der kalten Jahreszeit ist ein warmes Getränk sehr angenehm und die Gewürze entfalten ihr Aroma besser.

Nährwerte pro Portion:

Kalorien	Protein	Kohlenhydrate	Fett	Ballaststoffe
354 kcal	7,4 g	35,6 g	19,0 g	7,7 g

Aprikosen-Mungo-Smoothie

Die Aprikosen klein schneiden. Die gekeimten Mungobohnen abspülen, abtropfen lassen und mit sämtlichen Zutaten in den Mixer geben. Das Ganze kurz zerkleinern und dann 1 Minute bei höchster Stufe pürieren. (Auf dem Foto Seite 69 vorne.)

Zubereitungszeit: ca. 15 Minuten
Keimzeit Mungobohnen: 3 Tage
Schwierigkeitsgrad: etwas aufwendiger

ZUTATEN
FÜR 2 PORTIONEN

- *8 getrocknete ungeschwefelte Aprikosen*
- *20 g gekeimte Mungobohnen*
- *1 TL Kokosöl*
- *100 ml Molke*
- *300 ml Orangensaft*
- *1 Prise Kardamom*
- *1 TL Akazienhonig*

Tipp

Mungobohnen haben besonders nach der Keimung einen hohen Gehalt an Vitamin A, B1, B2, Niacin, B12, C und E. Vitamin E hat einen verjüngenden Effekt! Mungobohnen enthalten auch viele Mineralien wie Kalium, Phosphor, Kalzium, Eisen und Magnesium.

Nährwerte pro Portion:

Kalorien	Protein	Kohlenhydrate	Fett	Ballaststoffe
283 kcal	3,4 g	40,3 g	10,7 g	6,7 g

Birnen-Adzukibohnen-Smoothie

ZUTATEN
FÜR 2 PORTIONEN

- *2 Birnen*
- *3 Grapefruits*
- *1 Banane*
- *20 g gekeimte Adzukibohnen*
- *250 ml Kefir*
- *1 TL Kokosöl*
- *20 g Nüsse (Cashewnüsse, Haselnüsse, Walnüsse)*

Die Birnen waschen und ohne Stiel halbieren (das Kerngehäuse kann bleiben). Die Grapefruits filetieren. Die geschälte Banane in Stücke brechen. Die Adzukibohnen abspülen, abtropfen lassen und mit den restlichen Zutaten in den Mixer geben. Alles kurz zerkleinern und anschließend 1 Minute auf höchster Stufe pürieren. (Auf dem Foto hinten.)

Zubereitungszeit: 20 Minuten
Keimzeit Adzukibohnen: 4 Tage
Schwierigkeitsgrad: etwas aufwendiger

Tipp

Adzukibohnen stärken das Bindegewebe. Außerdem helfen sie bei Nierenkrankheiten. Sie sind reich an Lysin und enthalten alle Aminosäuren. Des Weiteren Vitamin B1 und B2 sowie die Mineralien Magnesium, Phosphor, Kalium, Eisen und Kalzium.

Nährwerte pro Portion:

Kalorien	Protein	Kohlenhydrate	Fett	Ballaststoffe
447 kcal	8,4 g	47,5 g	22,2 g	6,5 g

Bratapfel-Buchweizen-Smoothie

ZUTATEN
FÜR 2 PORTIONEN

- *2 Äpfel*
- *1 TL Ghee*
- *20 g Haselnüsse*
- *½ TL Zimt*
- *20 g ungeschwefelte Rosinen*
- *20 g gekeimten Buchweizen*
- *100 ml Apfelsaft*
- *300 ml Hafermilch oder Mandelmilch*

Die Äpfel waschen, den Stiel entfernen und die Äpfel vierteln. Sämtliche Zutaten in den Mixer geben und kurz zerkleinern. Dann 1 Minute auf höchster Stufe pürieren. (Auf dem Foto Seite 72 links.)

Zubereitungszeit: 10 Minuten
Keimzeit Buchweizen: 12 Tage
Schwierigkeitsgrad: etwas aufwendiger

Tipp

Buchweizen hat wärmende Eigenschaften und wirkt insgesamt aufbauend. Wer empfindliche Verdauungsorgane hat, dem kommt der Schleimanteil des Buchweizens zugute. Buchweizen enthält auch Rutin und Lecithin, was bei Gefäßerkrankungen hilfreich ist. Zudem verhindert Buchweizen die Zerstörung von Vitamin C durch Sauerstoff. Man findet ihn daher vielfach in Vitamintabletten. Die Inhaltsstoffe des Buchweizens sind ebenso vielfältig wie bei den anderen gekeimten Samen.

Nährwerte pro Portion:

Kalorien	Protein	Kohlenhydrate	Fett	Ballaststoffe
404 kcal	8,9 g	37,1 g	24,2 g	4,0 g

Bananen-Bockshornklee-Smoothie

Die Banane schälen und in Stücke brechen. Die Gheebutter erhitzen und die Bananenstücke darin kurz braten. Mit der Milch aufgießen, Safran hinzugeben und das Ganze vorsichtig erhitzen, aber nicht kochen. Den gekeimten Bockshornklee abspülen und gut abtropfen lassen. Sämtliche Zutaten in den Mixer geben und kurz zerkleinern. Dann 1 Minute auf höchster Stufe pürieren. (Auf dem Foto Seite 72 rechts.)

Zubereitungszeit: ca. 10 Minuten
Keimzeit Bockshornklee: 2 Tage
Schwierigkeitsgrad: etwas aufwendiger

ZUTATEN
FÜR 2 PORTIONEN

- *1 Banane*
- *1 TL Ghee*
- *300 ml Reis-Hafermilch*
- *1 Prise Safran*
- *10 g gekeimter Bockshornklee*
- *1 Prise Kardamom*
- *20 g gehackte Pistazien*
- *50 ml Birnendicksaft*

Tipp

In der ayurvedischen Medizin wird dem Bockshornklee eine aphrodisierende Wirkung zugesprochen. Er hat mit seinen Bitterstoffen, den ätherischen Ölen und seiner Schärfe eine reinigende Wirkung auf Leber, Nieren und infizierte Schleimhäute. Seine Heilwirkung bei Diabetes ist sogar erwiesen und wird in der Schulmedizin anerkannt. Allgemein hilft er dem Immunsystem auf die Sprünge und verbessert somit das Allgemeinbefinden. Auch hier gilt wieder: Gekeimte Samen sind besonders reich an Proteinen, Vitaminen und Mineralien.

Nährwerte pro Portion:

Kalorien	Protein	Kohlenhydrate	Fett	Ballaststoffe
312 kcal	4,6 g	39,3 g	14,8 g	2,9 g

Nachwort

Ich bin eine Freundin der Kräuter-Liesel und gehöre zu dem glücklichen Kreis, den Liesel ein- bis zweimal im Jahr zu einem geselligen Treffen mit gutem Essen einlädt. Sie erzählt von diesen Treffen im Vorwort ihres Buches „Kochen und Backen mit der Kräuter-Liesel". Wir lernten uns bei einem Besuch des NABU (Naturschutzbund) in ihrem herrlichen Kräutergarten kennen, und ihre interessanten Vorträge haben mich beeindruckt. Das ist nun schon viele Jahre her und eine wunderbare Freundschaft ist daraus entstanden.

Elly Friese und Liesel Malm

Mein Interesse an Kräutern, Blumen, Obst und Gemüse, eben an allem, was Gott wachsen lässt, ist groß und verbindet unsere Freundschaft. Auch ich bin mit den Pflanzen aufgewachsen und habe sie schätzen und lieben gelernt. Mein Vater hatte eine Gärtnerei, und wir mussten als Kinder schon mithelfen, Sämlinge zu pikieren, eher durften wir nicht spielen gehen.

Liesel und ich haben uns gegenseitig manches Mal mit gutem Rat geholfen, denn wir telefonieren regelmäßig miteinander. Wir können uns leider nicht so oft besuchen. Wir sind ja beide nicht mehr die Jüngsten. Liesel ist 82 Jahre alt und ich werde schon 95!

Ihre Smoothies schmecken mir sehr gut. Ich finde es großartig, auf einfache Weise viele Vitamine und Mineralien durch frisches Obst, frische Kräuter oder frische Salat- und Gemüseblätter zu sich nehmen zu können. Kürzlich las ich von einem Buch mit dem Titel „Heilung des Unheilbaren" über Vitamin C: „Die Wunderwaffe der Natur, die selbst unheilbare Krankheiten heilt." Smoothies werden daran einen großen Anteil haben, da die Smoothies durch ihr Herstellungsverfahren und ihre Inhaltsstoffe optimal sind, also exzellente Gesundmacher und Gesunderhalter darstellen.

Wie die Rezepte Ihnen zeigen, kann man Smoothies in unzähligen Variationen herstellen, sodass keine Wünsche offen bleiben, auch für die Kleinsten nicht. Ich wünsche meiner lieben Freundin Liesel viel Erfolg mit dem Smoothiebuch.

Elly Friese

Rezeptregister nach Kapiteln

Alphabetisches Rezeptregister

ISBN 978-3-572-08207-0

1. Auflage

Umschlaggestaltung: Atelier Versen, Bad Aibling
Producing: Jung Medienpartner GmbH, Limburg
Satz und Layout: Gabi Kiesewetter, Beselich-Schupbach
Umschlagfoto: stockfood/Portland Photography
Foodfotografie, Foodstyling und Styling: Karl Newedel
Peoplefotos: Seite 7: Josef Jung; Seite 73: Liesel Malm
Illustrationen: fotolia/Matthew Cole
Pflanzenportraits: Seite 10 (li.o.): Shutterstock/dabjola; Seite 10 (2. v. o.): Marcus Hagenlocher/creative commons;
Seite 10 (3. v. o.): Shutterstock/Frank Fischbach; Seite 10 (4. v. o.): istock/catherinka; Seite 11 (o. li.): Karelj/creative commons; Seite 11 (o. Mi.): Shutterstock/jopelka; Seite 11 (o. re.): Josef Jung, Limburg; Seite 11 (re. 2. v. o.): Hajotthu/creative commons; Seite 11 (re. 3. v. o.): Josef Jung, Limburg; Seite 11 (re. 4. v. o.): Shutterstock/jopelka
Freisteller Seite 10: fotolia/Dionisvera

Herstellung: Elke Cramer
Bildredaktion: Sabine Kestler
Projektleitung: Anja Halveland

Druck und Bindung: Druckerei Theiss, St. Stefan im Lavanttal
Printed in Austria

Verlagsgruppe Random House FSC® N001967

MIX
Papier aus verantwortungsvollen Quellen
FSC® C012536
FSC
www.fsc.org

Weitere Bücher von Liesel Malm

208 Seiten
durchgehend farbig bebildert
ISBN 978-3-572-08062-5
Auch als E-Book erhältlich

320 Seiten
durchgehend farbig bebildert
ISBN 978-3-572-08167-7

192 Seiten
mit 250 Farbfotos
ISBN 978-3-572-08149-3
Auch als E-Book erhältlich

144 Seiten
durchgehend farbig bebildert
ISBN 978-3-572-08172-1

304 Seiten
durchgehend farbig bebildert
ISBN 978-3-572-08196-7
Erscheint: April 2016

Bassermann Inspiration

www.bassermann-verlag.de

Besuchen Sie uns auch auf